INSCRIPTIONS MONUMENTALES.

2270

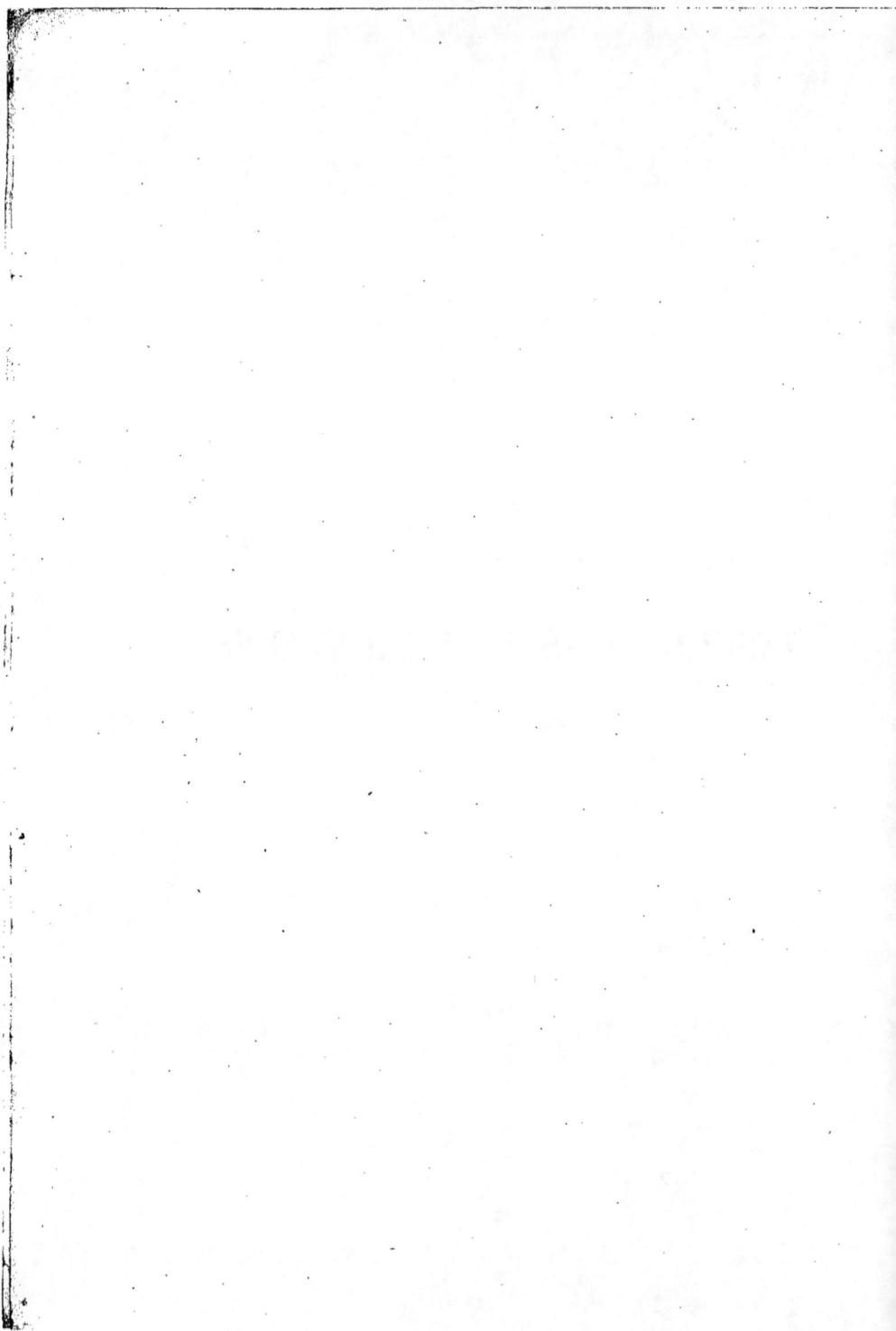

INSCRIPTIONS

POUR

QUELQUES MONUMENS PUBLICS.

PAR LE Cᵗᵉ. DE BARJON,

DE L'ACADÉMIE DES ARCADES.

BORDEAUX. — 1828.

INSCRIPTIONS

POUR

QUELQUES MONUMENS PUBLICS.

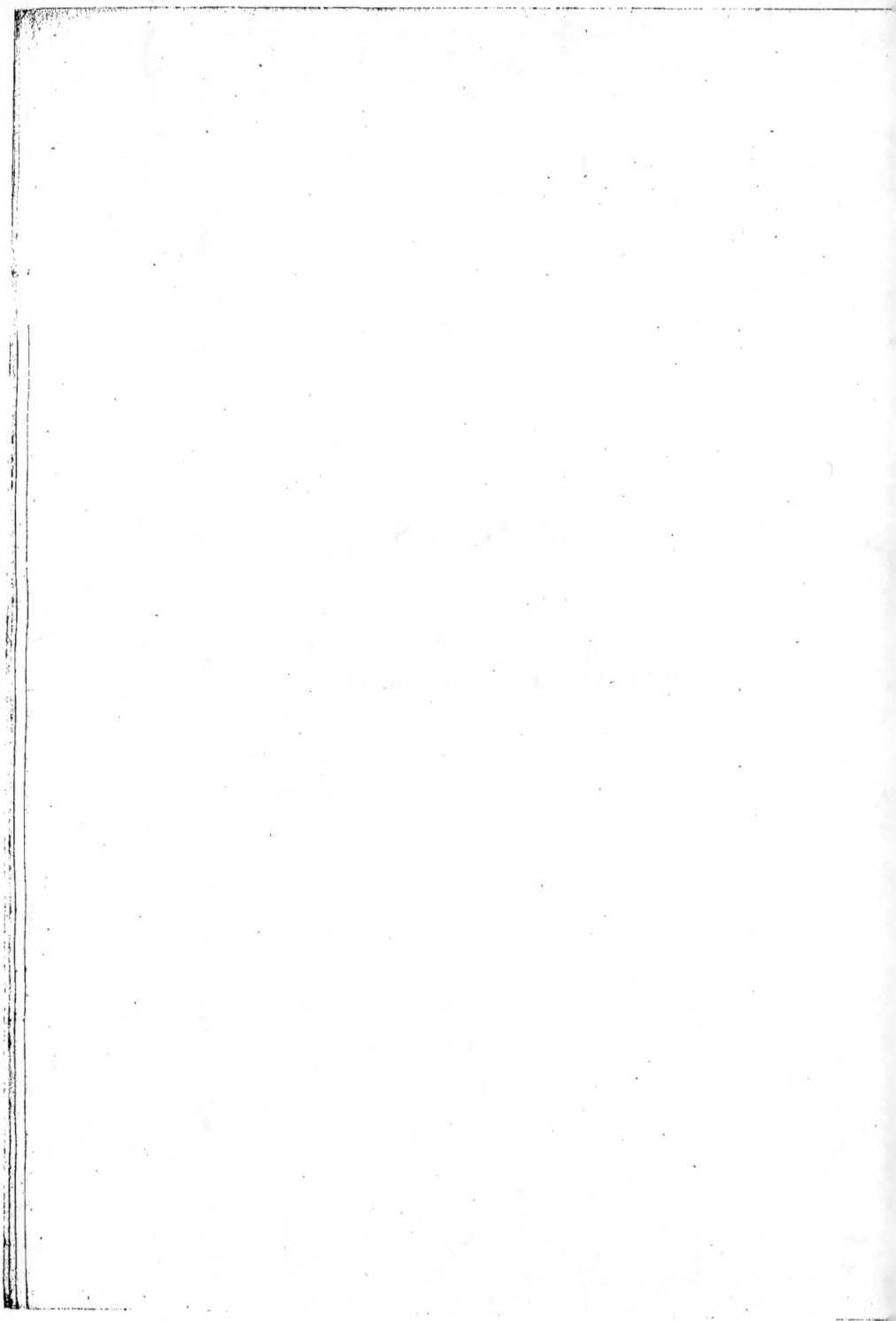

LES inscriptions des monumens publics n'ont pas toujours la même forme ni le même objet. C'est ce qui les distingue et les fait classer diversement.

Honoraires, elles se rapportent aux *honneurs* décernés, exposent les mérites qu'honore le monument établi. Laudatives *(elogia)*, elles expriment de même la *louange*, mais d'une manière directe et sans se rapporter au monument. Votives, elles renferment un *vœu* ou une prière, soit qu'elles se rapportent ou non au monument religieux qui les reçoit. Historiques, elles se bornent à rendre témoignage d'un fait mémorable que l'*histoire* transmet ensuite à la postérité.

Telles sont les inscriptions monumentales, et telles sont les inscriptions qu'on va lire. Elles diffèrent par leur genre des inscriptions tumulaires, qui n'appartiennent qu'aux *tombeaux;* elles diffèrent par leur style de toutes les inscriptions en vers, qui ont un tour plus libre et une diction moins sévère.

Ces inscriptions ont paru devoir être disposées entre elles, selon la date des événemens et selon le rang des personnages, plutôt que selon l'importance ou la sainteté des monumens publics où elles seroient placées. L'auteur ne les présente point comme dignes d'être admises; il n'a voulu qu'interpréter, autant qu'il est en lui, des souvenirs et des sentimens qui ne s'effaceront jamais.

Ordre des Inscriptions

Et Monumens qu'elles concernent.

I.

Pour la Statue équestre de Louis **XIV**,
Sur la Place des Victoires.

Si brèves que soient les deux parties de cette inscription honoraire, le grand Roi s'y trouve célébré, comme il le fut toujours; et le nom de Louis XVIII, du Roi libérateur, n'en a pas moins d'éclat, pour être mis à côté du sien.

Chaque partie occuperoit l'un des grands côtés du monument.

Sur l'un des grands côtés :

LVDOVICO · MAGNO

ITERVM

Sur le côté opposé :

LVDOVICI · DECIMI · OCTAVI

AVSPICIIS · VINDICIBVS

II.

Pour la Statue équestre de Louis **XIV**,
à Lyon.

Cette inscription, attendu la disposition différente des lieux, se placeroit à Lyon, sur le devant du piédestal.

Les auspices heureux sous lesquels le monument reçut une nouvelle existence, l'époque de son inauguration, déjà signalée par une médaille explicative, et son emplacement, qui est le même qu'autrefois, feroient assez connoître que la seconde cité du Royaume a voulu pourvoir seule à son entier rétablissement.

LVDOVICO · MAGNO

ITERVM

LVDOVICI · DECIMI · OCTAVI

AVSPICIIS · VINDICIBVS

ANNO

M · DCCC · XX....

III.

Pour la Statue équestre de Louis XV,
au rond-point des Champs-Elysées.

Il falloit ici marquer et motiver le rétablissement et la translation du monument détruit. C'est ce que fait l'inscription honoraire.

Les mêmes tempêtes qu'elle déplore, seront figurées par les nuages qui entoureront Louis XVI sur l'ancienne place Louis XV, et les deux monumens se trouveront ainsi respectivement expliqués.

LVDOVICO · XV

DILECTO · NEMPE · APPELLATO

VBI · FAS

POST · TEMPESTATES · INSTAVRARE

GALLIA · RESTITVTA · POSVIT

ANNO · M · DCCC · XX....

IV.

Pour le Monument expiatoire de la place de Louis XVI.

La France proclamant son innocence, implorant son expiation sur le sol même que l'eau sainte dut laver et réparer, ne peut avoir d'autre pensée, d'autre soin.

Il seroit donc au moins inutile de répéter dans cette inscription votive, des explications mieux placées sur la première pierre du monument.

LVDOVICO · DECIMO · SEXTO

INSONS · PIACVLI

GALLIA · EXPIABILIS

V.

Pour un Monument

qui seroit élevé à Louis **XVI**,

à Paris

ou dans un chef-lieu de département.

L'EXPIATION sanctifie la vérité, rassure l'innocence, console la religion, appaise la justice; mais l'admiration et la reconnoissance ont aussi leurs droits, que revendiquent tous les cœurs français.

C'est pour montrer ces sentimens, à jamais attachés à la mémoire de Louis XVI, que cette inscription honoraire est présentée.

La mort du Roi-Martyr ne lui doit pas seule mériter nos louanges et nos bénédictions.

LVDOVICO · DECIMO · SEXTO

IN · TERRIS · PARENTI

AD · COELOS · INTERCESSORI

GALLIA · DEMVM · EXPIATA

PRAE · GRATIA · PRO · LAVDE

CIVES · VNANIMI · VOVERVNT

ANNO · M · DCCC · XX....

VI.

Pour la Statue de Louis XVI,
dans la Chapelle expiatoire de Saint-Louis,
ou dans l'Eglise de la Magdeleine.

Cette inscription laudative *(elogium)* caractérise l'homme juste, le Roi toujours père, à qui, dès sa jeunesse, un obélisque fut élevé par l'amour et la vénération de ses sujets.

Elle le montre sublime aux confins de la vie, saint en traversant la mort (*) ; déplore l'affreuse impuissance de rompre ses fers ; confesse avec horreur le parricide attentat de quelques furieux ; atteste pieusement l'admiration, la reconnoissance et le deuil des vrais Français.

Enfin, aussi sincère que chrétienne, elle sembleroit par là n'être pas indigne d'un monument qui auroit sa place en présence des autels.

(*) Montez aux cieux, fils de Saint-Louis.

IN · VITA · · CLEMENS

MORTIS · AD · VIAM · SVBLIMIS

TRANS · MORTEM · SANCTVS

A · GALLIS · NE · NE · VNQVAM · GALLIS

OBTRVNCATVS

LVDOVICVS · DECIMVS · SEXTVS · PERIIT.

ARMIS · REGEM · VINDICARE · SVVM

CVRIS · · AVT · ACRIBVS

PATREM · VTIQVE · SVVM · TVERI

SVMMAS · INTER · ANGVSTIAS

HEV · DISCRIMINATIM · QVI · CERTABANT

GALLI · VERE · GALLI · SEMPER

OMNES · ILLVM · OMNES

MENTE · IAM · VT · POSTERIS · VNA

VENERANTES · ET · GRATI · PERAMAVERVNT

ADMIRANTES · ET · DEFLENTES · EXORAVERE

VII.

Pour la Statue de Marie=Antoinette,

en regard de celle de Louis XVI,

dans la Chapelle expiatoire de Saint=Louis,

ou dans l'Eglise de la Magdeleine.

Dᴀɴs cette inscription, de même espèce et de même étendue que celle pour Louis XVI, la Reine seroit peinte surtout par ses actions.

On y verroit Marie-Antoinette, joignant à ses avantages naturels les plus aimables qualités, les plus rares vertus. On la verroit jeune, admirée dans l'univers, être bientôt en butte à tous les coups du sort, à toute l'injustice des hommes. On la verroit fille, sœur, épouse, mère des Rois, souffrir avec force, constance et majesté, de cruels outrages, des peines inouies, d'inexprimables tourmens. On la verroit chrétienne contre de sanglantes menaces, contre d'horribles blasphêmes; grande dans le dénuement, dans la misère de sa prison; ferme, intrépide jusque sous la hache impie qui l'a frappée.

Il n'est point d'éloges que n'effacent de telles vérités.

AMABILIS · ET · SPECIOSA · EGREGIE

HAVD · MINVS · ET · FORTIS · MVLIER

ACCEPTIS · DVDVM

LATE · CONSONIS · IN · ORBE · LAVDIBVS

AERVMNAS · POSTMODO · NEFANDAS

STANTE · INSVPERABILI · SVRSVM · ANIMO ·

PRAELVSTRI · OBSCVRATA · NVNQVAM · VIRTVTE

PERTVLIT

REGVM · NATAM

SOROREM · SPONSAM · GENITRICEM

APVD · GENTES · PER · SECVLA

VEL · PRAESENS · VEL · PROPRIVM

QVAE · MANERET · EXEMPLAR

CHRISTIANAM · BLASPHEMIA · FVRENS

MAGNAM · CARCER · EGENVS

IMPAVIDAM · SECVRIS · IMPIA · VIDERVNT

VIII.

Pour un groupe représentant
Madame Elisabeth
entre Louis **XVII** *et Madame Royale,*
dans la Chapelle expiatoire de Saint-Louis,
ou dans l'Eglise de la Magdeleine.

L'Enfant Roi, ceint du diadême, revêtu du manteau royal, seroit debout, auroit les mains jointes. Ses traits exprimeroient une parfaite résignation.

Madame Élisabeth, fléchissant le genou, imploreroit pour son Roi l'assistance du ciel, lui imposeroit les mains, comme pour le consacrer.

Madame Royale, au comble de la douleur, se presseroit avec effort contre la seconde mère dont un nouveau crime va la séparer pour toujours.

La magnanimité, les souffrances, le sort de chacun des trois personnages, étant fidèlement exposés dans l'inscription laudative qui leur est commune, il semble qu'on pourroit la conserver entière, alors même que le groupe devroit n'être que de deux figures.

TANTVM · PENE · MATER · QVANTVM · SOROR

PVDENS · VIRGO · OBFIRMATA · MARTYR

FERRVM · MORARI · IMPENDENS · NON · DIGNATA · VERBO

PERIVROS · AD · FASCES · VELOX · EMORITVR

ANTIQVIORI · AT · PRAEGRAVANTE

VAE · OPEROSO · NIMIVM · PARATV

NEVE · PALAM · DEINCEPS

LETHALI · TEXTO · ARCTIVS · SVB · VELAMINE

MACTATA · DIV · CONCIDIT

VEL · PERVSTA · SICVTI · DEMVM · ABSVMITVR

HOSTIA · SVPERSTES

VNCTVS · DOMINI · REX · INFANS

CVIVS · PVLCHRE · NVPER

ANTE · ORA · PARENTVM · EVALESCENTEM

ORBAM · VTRISQVE · MOX

SECLVSAM · OBRVTAM · INOPEM · ANIMAM

TOTA · DE · LVCTV

TOTA · DE · AMORE · FACTA · PARENS

IPSA · FOVERE · IPSA · COMMVNIRE

FIDELITER · ADEO · ET · RELIGIOSE · EXOPTAVERAT

FRATRIS · ITIDEM · REGIS

ANGORVM

RELIQVAM · NIMIRVM · VSQVE · CONSORTEM

VINCVLIS · SOLAM · POSTREMO · LIBERATAM

DEVS · SERVARE · PROVIDIT

IX.

Pour le Monument
élevé à Louis **XVIII**,
devant le Palais
de la Chambre des Députés.

Sans être trop explicative, l'inscription honoraire proposée indiqueroit les événemens qui ont précédé et suivi la restauration.

La France elle-même s'y montre invoquant les auspices réparateurs de Louis XVIII; le nomme deux fois pacificateur, deux fois vengeur de la liberté, de la religion, de la justice; rend hommage aux immortels travaux de l'auteur de la Charte, aux constantes sollicitudes du père de la Patrie; se déclare raffermie, honorée sous son sceptre tutélaire; rappelle les forces amies, les pieuses victoires, par lesquelles il la préserva de nouvelles calamités; célèbre le bonheur que lui assurèrent sa sagesse et son amour; pressent, dans un prochain avenir, autant de gloire et de prospérité qu'elle en connut jamais.

C'est au monument seul à dire la reconnoissance qu'ont inspirée d'aussi grands bienfaits.

LVDOVICO · AVGVSTO · XVIII

AVSPICI · VINDICI

PACIS · LIBERTATIS

RELIGIONIS · ET · IVSTITIAE

BIS · RESTITVTORI

POSTQVAM · VITA · FVNCTVS

PRIMVM · QVIEVIT

SALVA · TVTA · PRIDEM

VIRES · NVNC · MOVENS · AMICA · PIAS

IAMIAM · FELIX

'PAR · SPLENDORE · MOX · IPSA · SIBI

GALLIA · DEDICAT

ANNO · M · DCCC · XX....

X.

Pour l'Oratoire

construit au lieu même

où le Duc de Berri

rendit le dernier soupir.

La première inscription est une inscription historique ; elle expose le crime, son atrocité, ses funestes conséquences, le temps, le lieu où il fut commis.

La seconde est une inscription votive. C'est une invocation au Duc de Berri, pour que la patrie parvienne, par son intercession, à l'heureuse splendeur, à la sage liberté qu'il implora pour elle en mourant. Aucune louange ne s'y mêle au simple récit, au tableau fidèle de la mort sublime du héros chrétien ; elle lui donne seulement les noms si chers qui, même aujourd'hui, portent en eux tant d'espérances, tant de destinées.

L'attitude de la Prière, dans laquelle le Prince pourroit être représenté, rendroit plus sensible encore la convenance des inscriptions avec le caractère sacré du monument.

Du côté de la rue Sainte-Anne :

SCENALES · HIC · AD · LVDOS

· ANNO · MDCCCXX

DIE · FEBRVARII · XIII

PVGIONE · CONFOSSVS

CAROLVS · DVX · BITVRICENSIS

SPES · AMATA · REGNI

POSTRIDIE · ANTE · LVCEM

EXANIMATVS · EST

Du côté de la rue de Richelieu :

PATRIAM

QVI · MORIENS · ADORAVISTI

SICARIO · VSQVEDVM

VENIAM · QVI · ROGABAS

BITVRIX

O · FILI · O · GENITOR

PATRIAE

SIMILITER · IN · PACE · SANCTA

FELIX · DECVS

ET · PIAM · LIBERTATEM · PRECARE

XI.

Pour l'Arc de triomphe

à la gloire

de Monseigneur le Dauphin.

L'ARC de triomphe pour Monsieur le Dauphin recevroit aussi deux inscriptions d'espèce différente. Celle à mettre du côté de l'Étoile scroit laudative, celle du côté des Champs-Élysées seroit honoraire.

Ces inscriptions ne loueroient, n'honoreroient le Prince que par ses hauts faits, que par les succès qu'il dut à sa généreuse habileté. Elles diroient qu'en combattant la rebellion sur terre et sur mer, qu'en la subjuguant partout en six mois, il sauva l'Espagne, préserva la France, assura le repos de l'Europe.

Elles diroient encore que le monument d'une gloire si pure, fut l'ouvrage de deux Rois qui surent l'apprécier.

Du côté de l'Étoile :

LVDOVICVS · NVNC · DELPHINVS

SVBACTIS · IN · SEX · MENSES

TERRA · MARIQVE

VEL · AD · FINES · VLTIMOS

REBELLIBVS

HISPANIAM · RESTITVIT

GALLIAM · SERVAVIT

EVROPAM · TVTATVS · EST

Du côté des Champs-Élysées :

TRIVMPHALES · STATVTOS

LVDOVICO · XVIII · REGNANTE · HONORES

CAROLVS · X · PERSOLVIT

ANNO · M · DCCC · XX....

XII.

*Pour le Monument à ériger
à Marseille,
en mémoire de la glorieuse expédition
de l'armée Française en Espagne.*

Lᴇ monument pourroit représenter le Génie de l'armée française, sous les traits d'un guerrier jeune et de haute stature.

Ce guerrier auroit des ailes. Un casque antique couvriroit son front, et le *parazonium* ou glaive romain reposeroit dans son large baudrier. Des armes de terre et de mer seroient éparses ou réunies en trophée devant lui. Son bras gauche entoureroit un faisceau de drapeaux, d'étendards et de pavillons fleurdelisés. Il poseroit avec candeur et assurance sa main droite sur son cœur.

Quatre couronnes, de lierre, de chêne, de laurier et d'olivier, passées autour des fers de lance du faisceau, signaleroient les mérites de l'armée, en même temps que la satisfaction et la reconnoissance de la patrie.

Courte et rapide comme l'expédition célébrée, l'inscription ne parle que de l'armée et du Prince généralissime, que de la France et de l'Espagne. Elle est honoraire, et s'accorderoit avec le monument, quelle qu'en dût être la forme ou la disposition.

GENIO · ET · MERITIS

EXERCITVS

OB · TERRA · ET · MARI

LVDOVICO · NVNC · DELPHINO · DVCE

CVRSIM · DEVICTOS

ADVERSVS · IVSTVM · REGEM

IN · HISPANIA · REBELLES

VOTI · DVM · GALLIA · POTENS

ANNO · M · DCCC · XX....

XIII.

Pour le Monument Pichegru,
à Besançon.

Ces trois inscriptions se rapportent au monument, et par conséquent sont honoraires.

La capitale de la Franche-Comté nomme Pichegru son héros, parce que c'est dans cette place qu'il s'est formé pour la gloire, comme pour le salut de la patrie; parce que c'est dans son sein qu'il a puisé les mêmes sentimens dont elle s'honore aujourd'hui.

Pichegru, toutefois, n'est loué que par les vertus dont les symboles accompagneront son image, c'est-à-dire, par sa courageuse magnanimité en triomphant des ennemis de la France, par sa fidélité et son dévoûment en voulant la délivrer de l'usurpation d'un seul, ainsi que de la tyrannie de plusieurs.

L'appareil militaire qui l'environnera, le bronze de ses victoires, l'accomplissement spontané du vœu public et l'indication d'un règne aussi cher que légitime, suppléeroient à tout ce qui ne seroit point d'ailleurs exprimé.

HEROS · ILLE · NOSTER

QVEM · MOX

MAGNANIMVM · VBIQVE · VICTOREM

REGI · SEMPERQVE · SACRATVM

EXCOLVIMVS · NOS

ET · PATRIAE · OSTENTAVIMVS

CIETE · NOMEN

VIRTVS · ET · GLORIA · SVVM

Sur un côté du Piédestal.

CAROLO · X · REGNANTE

ANNO · MDCCC · XX....

Sur l'autre côté:

EX · AERE · CAPTO

COLLATA · PECVNIA

XIV.

Pour la Statue de Pichegru,
à Lons-le-Saulnier.

Le monument déjà élevé à Lons-le-Saulnier est une statue de marbre blanc, donnée par S. M. Louis XVIII, si juste appréciateur de tout dévoûment, de tout mérite.

Destinée pour ce monument dans une ville frontière, l'inscription honoraire s'adresse au voyageur. Elle fait connoître le lieu où Pichegru est né, parle de son amour pour la France, proclame sa double gloire, rappelle l'humanité et le désintéressement qui honorèrent partout ses actions et son pouvoir.

Le don de la munificence royale seroit de même indiqué.

CVIVS · HIC · SIGNVM

SPECTAS · VIATOR

HABET · CVNAS · ARBOROSA

GALLIA · SCIT · AMOREM

EVROPA · GLORIAS · MIRATVR

GRATIA · PROLATVM

MEMORES · IPSE · NOMEN

Sur l'un des côtés :

EX · DONO · REGIS

Sur l'autre côté

M · DCCC · XX....

XV.

Pour l'urne à consacrer

à Pichegru,

dans la ville d'Arbois.

Ce modeste monument seroit d'autant plus à désirer, que la statue que S. M. Louis XVIII a donnée, portera, dit-on, ces seuls mots : *Au général Pichegru la ville de Lons-le-Saulnier.*

La ville d'Arbois, s'il étoit admis, ne sembleroit plus méconnoître le héros qu'elle a vu naître; le sujet dévoué, qui venoit y recevoir les messages de son Roi proscrit; le guerrier citoyen, qui ne vouloit que des Français pour rendre au trône sa légitimité. Elle envieroit moins à deux villes voisines, l'honneur de posséder de dignes monumens à la gloire d'un de ses enfans.

Il y auroit, sur chaque face de l'urne, une couronne de lierre et de laurier, telle que Virgile se plaisoit à la former pour un de ses illustres amis.

Hanc sine tempora circum
Inter victrices hederam tibi serpere lauros.

Les deux inscriptions seroient honoraires, et dans le même esprit que le monument.

Sur la face principale :

HEROIS · ET · DVCIS

DVM · REX · DVM · GALLIA

COEPTA · ET · GLORIAS

MEMORIAE · VNA · COMMENDANT

VRBIS · NOS · CIVES

HIC · VBI · NATVS · EST

VBI · MORI · DESTINABAT

VBI · MATER · EVM · FLEVIT

AMICO · ET · CIVI

EX · PIETATE · SVPERSTITVM

CINERARIVM · HEV · INANE

PROPE · CVNAS · STATVIMVS

Sur la seconde face :

TE · PICHEGRV · SVVM

ARBOROSA · VINDICAT

ANNO · M · DCCC · XX....

Ces projets d'inscriptions, pour des monumens existans ou promis, ont été adressés la plupart, d'abord, à S. Ex. le Ministre de l'intérieur, ensuite à l'Académie royale des inscriptions et belles-lettres. Mais aucune inscription analogue n'étant encore placée, ni même annoncée, il a paru convenable de les présenter de nouveau, soit pour montrer leur entière concordance entr'eux, soit pour qu'ils puissent être conférés avec d'autres projets que leurs auteurs ont publiés.

Le droit de juger les ouvrages d'esprit, indique assez sans doute la faculté qu'on a de les entreprendre, de les soumettre à l'examen éclairé qui les attend ; et plus il importe de n'attacher aux monumens publics que des inscriptions justement approuvées, plus il importe aussi qu'un genre de composition que Cicéron loua souvent, qu'Auguste, Trajan et Louis XVIII ont cultivé, qui tient de si près aux gloires nationales, ne devienne point étranger dans la république des lettres, ne soit point exclus de leur commerce, ne soit point privé de cette utile concurrence qui excite aux essais ou conduit à des progrès certains.

Nous n'aurions pas les inscriptions de Santeuil, ni d'autres encore, s'il avoit fallu être du nombre de leurs juges, pour les méditer, les offrir et les faire admettre.

www.ingramcontent.com/pod-product-compliance
Lightning Source LLC
LaVergne TN
LVHW021722080426
835510LV00010B/1090